JULIEN NEEL

LOU!

5

LASER NINJA

Pour Philéas, évidemment.

DU MÊME AUTEUR :

LOU T.1, *Journal Infime*
LOU T.2, *Mortebouse*
LOU T.3, *Le cimetière des autobus*
LOU T.4, *Idylles*
LOU T.5, *Laser ninja*
Éditions Glénat / Tchô! la collec'...

CHAQUE CHOSE
Éditions Gallimard / Collection Bayou

Des énormes mercis à Judicaëlle, qui m'a bien sauvé la mise,
à toute l'équipe qui a travaillé sur la série animée,
aux copains d'Aix, de Paris, de Marguerittes, à Jean-Luc pour le sprint final,
à ma merveilleuse Maïa et à Carole, que j'aime de plus en plus, décidément.

Couleurs : Carole et Julien NEEL.

Rejoins toute la bande à Tchô! sur www.letchoblog.com

http://www.neelcartoons.com/lou.html
http://www.myspace.com/juliendicaro

www.glenatbd.com

Tchô! la collec'...
Collection dirigée par J.C. Camano

Dépôt légal : novembre 2009.
ISBN 978-2-7234-6788-9
Achevé d'imprimer en France en novembre 2009 par Pollina - L22128,
sur papier provenant de forêts gérées de manière durable.

5

J'suis enceinte.

Hein ?
Heu ... T'es sûre que c'était le bon moment pour heu ...
Il me semble, oui.

Non mais tu veux dire : enceinte heu ...
Oui, oui :
Un bébé.
Là.
De... De moi.
De quoi ? De quoi ?

Vous savez si c'est un garçon ou une fille ?
Ah ben on sait pas encore, c'est trop tôt, là.
Enceinte ? Ah bon ?
Félicitations !
C'est la fille du quatrième, il paraît qu'elle est enceinte !

Mazel tov!
Felicitazioni, puppa!
T'avais raison, c'était pile le bon moment.

Oui, c'est parce qu'on n'a plus de maison.
C'est pour ça.
Mais je suis enceinte par contre.
C'est possible, deux chambres qui communiquent ?
Grand frère ! Tu vas être grand frère !
Tout de même : Ça fait bizarre : On n'a plus RIEN.
Ma thèse sur les fabliaux italiens du quatorzième siècle...
Toutes nos fringues...
Tout ça parti en fumée...
Parlez pour vous !
Eh oui : Des années que je me prépare à une invasion extra-terrestre ou à quelque chose du genre...
Tadam!
Alors je me suis fait une valise de secours toujours prête, avec les trucs vraiment importants.
Une brosse à dents, une gameboy micro, six culottes propres, mon journal intime de quand j'étais ado, l'intégrale de Queen, des chips au vinaigre, la machine à faire des badges...
Des... Des chips au... vinaigre?
T'aimes pas ça?
Bon, j'vais me coucher, moi.
T'as pas un truc à lire?

Tenir un journal intime. Voilà à quoi j'en suis réduite pour me distraire. Fichu bled pourri : Rien à faire, l'ennui total. J'ai quatorze ans et je suis championne régionale de rubik's cube. Super.

J'ai lu tous les bouquins de la bibliothèque municipale. Ils ont une grande section "engrais", pas mal de trucs sur l'insémination bovine, mais définitivement : pas assez de science-fiction.

Ouais. J'aime bien la science-fiction. Les machins du futur, et tout. Mais ici, le truc le plus Hi-tech qu'on ait, c'est la machine à trancher le jambon chez le charcutier-traiteur...

Je me verrais bien, plus tard, écrire des bouquins, par exemple... J'ai essayé d'en parler à mes parents, une fois, mais eux, a priori, ils me voient plutôt postière ou un truc comme ça. ("Ça, c'est un métier respectable")...

Comme on reçoit pas la radio ici, le seul truc pour écouter un peu de musique, c'est de devenir majorette pour assister aux répétitions de la fanfare municipale. C'est sympa au début, mais bon...

J'ai quand même réussi à m'acheter trois disques, la fois où mon père m'a envoyée à la grande ville chercher des courroies neuves pour l'épancheur de fumier. C'était le plus beau jour de ma vie... Le métro, les pizzerias, toutes ces grandes librairies...

Mais bon. Il a fallu rentrer, et je me suis pris une raclée parce que j'avais complètement oublié ces fichues courroies.

Promis, un jour je me tire d'ici, j'épouse Freddy Mercury, et on vivra dans un vrai immeuble avec des tas d'étages.

Hé : Tu sais, le mec là, de cet été ...
Heu ... Celui habillé en raisin ?
Ouais. Eh ben il m'a rappelée. Genre pour qu'on se revoie.

Ouah, cool. Mais heu... il habite où ?
Au centre ville. Il a un studio au-dessus de chez ses parents, il m'a dit.
Et toi, Jean-Jean, des nouvelles ?
Ouais mais bon. Lui il habite au centre du pays, alors c'est plus compliqué, quoi...

Bon, elle commence à me gonfler, l'autre, là ...
Ça fait quoi ? Huit ans qu'elle est en retard tous les matins ...
T'as essayé son portable ?
Messagerie ...
On va voir en bas de chez elle ?
Ouais.

J'te jure, ce coup-ci, Elle a intérêt à avoir une sacrée bonne excuse ..

L'excuse du siècle.
Bidi bibi

Allô ? Mina ?
Devine quoi ?

Attends, heu...
Hmm... Ta mère a encore essayé de faire flamber des saucisses ?

Presque : Elle est **ENCEINTE**, figure-toi !
Tudududu tum tudum !

WOW. Et y'a une coutume dans ta famille où on fout le feu à sa baraque pour célébrer une naissance, c'est ça ?
Hein ?
Tu m'appelles d'où, exactement ?
Ah oui, pardon, excuse, l'incendie, j'avais zappé ! Je suis dans un hôtel, J'vais te donner l'adresse.

Tu pourrais passer tout à l'heure, pour m'amener deux trois fringues ?
On va prendre le petit dèj' sur la terrasse panoramique, tu nous rejoins ?
Tum tum tum...

Another one bites the dust !

Je me pose des questions.
Est-ce que mes parents me détestent vraiment ?
Pourquoi ai-je l'impression qu'ils essaient de briser tous mes rêves méthodiquement ?

J'ai besoin de comprendre. Je passe mon temps à leur chercher des excuses dans l'album-photo de la famille. À reconstituer ce qu'ils ont vécu pour en arriver à être aussi durs maintenant.

Maman n'a jamais connu son père. Elle a été élevée par sa mère, qui devait travailler nuits et jours pour joindre les deux bouts. Je crois que c'est la seule personne pour qui elle avait une réelle admiration.

Les parents de Papa vivaient à la ville. Je n'ai jamais réussi à savoir pourquoi, mais ils l'ont confié à une tante qui était épicière au village. Dès qu'il a su tenir sur un vélo, il est devenu commis-livreur.

Maman devait trouver un travail pour s'occuper de sa mère, qui était gravement malade. Après avoir échoué au concours des postes, elle accepta, à contrecœur, une place aux abattoirs Fifrelin.

Papa s'était marié très jeune avec la fille du poissonnier. Mais un jour qu'un cirque était de passage, elle le quitta pour un clown. (Ce qui, je pense, explique son dégoût du poisson et de la fantaisie.)

À la mort de sa mère, sur laquelle elle avait veillé pendant de nombreuses années, Maman avait plus de trente ans. Elle décida de profiter enfin pleinement de la vie et s'inscrivit au club de Scrabble.

Le club de Scrabble, c'est le seul truc ouvert après dix-sept heures à Mortebouse, et c'est là que Papa noyait son chagrin. Maman lui ravit son titre de champion local et, beau joueur, il l'invita au bal des pompiers.

Comme ils ne savaient danser ni l'un ni l'autre, ils en vinrent à discuter et il découvrit avec joie qu'elle avait horreur du cirque. Ils décidèrent alors de se marier en petit comité, discrètement, un jour de pluie.

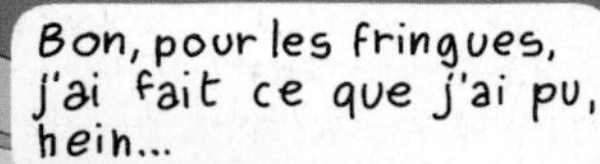

Bon, pour les fringues, j'ai fait ce que j'ai pu, hein...
Non mais ça ira nickel.

Je file me changer, j'en peux plus de ce peignoir !
Morteeeelle la vue !

Hey ! Les filles ! Vous êtes là ?
Heu oui, on est venues apporter des affaires dès qu'on a su.

Hoooo c'est trop mignooon ! Mais c'est un peu grand, non ?
Et puis vous savez, on sait pas encore si c'est un garçon ou une fille...

Heu non mais les affaires c'est pour Lou, hein.
C'était rapport à l'incendie.

Haaaa ouiii l'incendie ! c'est vrai, bon sang...
Ceci dit pour le bébé félicitations, hein.
Grave.

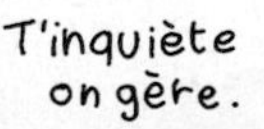

Bon. Pour le collège, vous leur avez expliqué pourquoi j'étais absente ?
T'inquiète on gère.

Ha ! Oui : Au fait : Marie-Émilie et ses parents devraient passer tout à l'heure.
Qui ?

Heu... Bonjour tout le monde...
Hey.

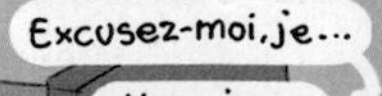

Excusez-moi, je...
Hum je...

Heu... On y va ? C'est prêt...
Go.

Bon ! On vous laisse, les filles, hein !
Nous on va tester le jacuzzi ! Hihihi !

DÉGOÛTANT !
J'allais le dire.

Qu'est-ce qu'il y a?
Vous voulez ma photo ?

C'est pas bientôt fini d'me suivre?
Mais ... C'est-à-dire que l'on va aussi dans cette direction...
Satyres !

N°481.
C'est ici.
Heu... Nous... Nous aussi !
HmF !
481
CLANG!

VLAM!
481

M...Mamie ?
Mais ? Qu'est-ce que tu fais là ?

Ah ben t'es pas morte, toi ?
Ça tombe bien : Aide-moi à nous barricader: je suis poursuivie par une jeune droguée et un couple de pervers.

J'l'aime bien cette vieille.

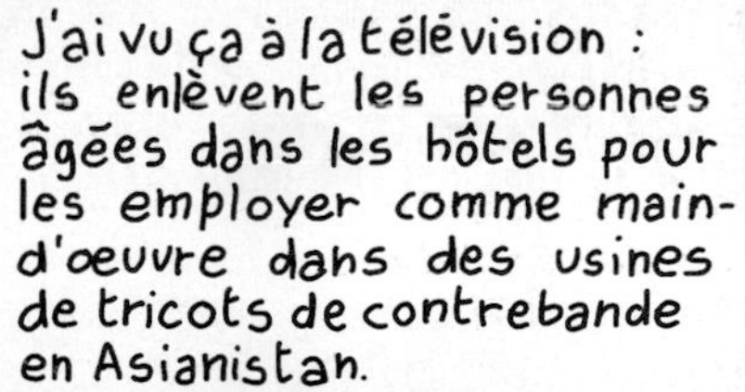

Figure-toi qu'hier soir, aux actualités, ils ont montré le taudis où vous habitiez avec ta mère en train de partir en fumée.

Figure-toi que j'ai cru un instant avoir perdu ma seule famille et qu'à mon âge, c'est pas bon pour le cœur.

Où elle est, ta mère, cette andouille ?

Figure-toi que j'ai fait un malaise et que le docteur Fifrelin a eu la gentillesse de se déplacer à minuit et demie pour venir me faire un massage des pieds et m'annoncer que, selon les dernières nouvelles, il n'y avait pas eu de victimes dans l'incendie.

Figure-toi que j'ai pris un train de nuit sans billet en catastrophe et que j'ai passé la journée à interroger tous les gens de votre quartier pour retrouver votre trace dans cet endroit vulgaire.

Je l'ai rencontré dans le bus qui nous emmène au collège. C'est le seul garçon qui lit des livres. Il a pris l'habitude de me raccompagner jusqu'à la grille de la maison sans dire un mot. Il est peut-être idiot, ou timide. Je m'en fiche un peu, il me plaît pas mal. Demain il fera beau. Il fera beau, et j'emmènerai ce garçon dans les branches du grand saule. Le grand saule, c'est ma base secrète, ma forteresse de solitude. Et je lui dirai qu'il me plaît, et alors on verra bien.

Ce fut tout d'abord très doux, quand il m'a embrassée. Et la seconde d'après, Maman a surgi d'entre les branches du grand saule en hurlant que j'étais possédée. J'ai cru mourir de honte, lui de peur et elle de colère. C'est en agitant une fourche que mon père a fait fuir du jardin mon premier amour. Inutile de préciser qu'ils m'engueulèrent comme jamais et me privèrent de toutes les choses dont je n'étais pas déjà privée jusqu'à la fin des temps. C'est quoi leur problème ? Il m'est interdit d'aimer ? Ils ont trop peur que je découvre que l'amour, le véritable amour, c'est autre chose que leur petite histoire triste, banale et sans passion ?

Ça te dérange pas si je t'accompagne jusqu'au collège ?
Ben non.
J'ai rendez-vous avec mon éditeur, c'est dans le même coin, alors...
Non mais y'a pas de problème, hein...
HOTEL
Parce que y'a quelques années, tu m'avais fixé un périmètre interdit autour de ton collège...
C'était stupide, pardon...
T'as des nouvelles de Mamie, depuis la crise du jacuzzi ?
Hmm ?
C'est chouette, le lever du jour...
J'ai plus l'habitude...
Dis : Tu m'en veux pas, pour certains trucs ?
Genre quoi ?
Genre heu...
Les trucs de la vie...
Des trucs de mère que j'aurais trop heu...
Ou pas assez...
Mais si, tu sais, les trucs de l'éducation qui heu...
Hmm... Je sais pas...
Tu cuisines comme une savate, mais sinon t'es Ok.
HEY!
j'ai appris à faire des crêpes sur Youtube !
Non. T'as mis juste la page en favori.
C'est la première étape.

C'était comme me retrouver plongé dans mes tableaux... Le soleil, les palmiers, cette villa du futur...

Et puis de te revoir c'était... C'était formidable, quoi...

Tiens.
Merci.
Rhooo allez, ça va, fais pas ta Marie-Émilie...
J'écoutais même pas, d'abord.

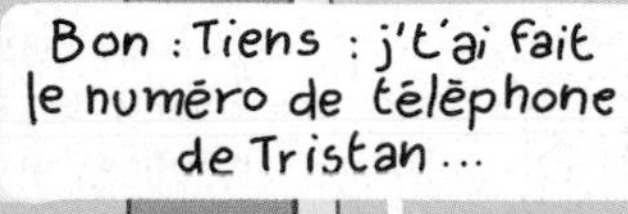
Bon : Tiens : j't'ai fait le numéro de téléphone de Tristan...

Oui: je l'avais en mémoire aussi, je plaide coupable...
Tu lui balances ton truc d'incendie et t'en profites pour lui déclarer ta flamme.
Hahaha. Flamme, incendie... T'as capté ?
Ouais: C'est nul.
Chhht, Ça sonne.

Bidibidibidibidibidi

Bidibidibidibidibidi

Bidibidibidi
bidibidibidi

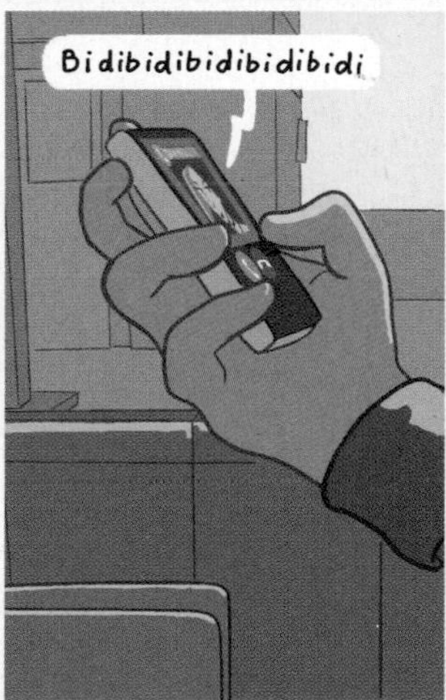
Bidibidibidibidibidi

Bidib...

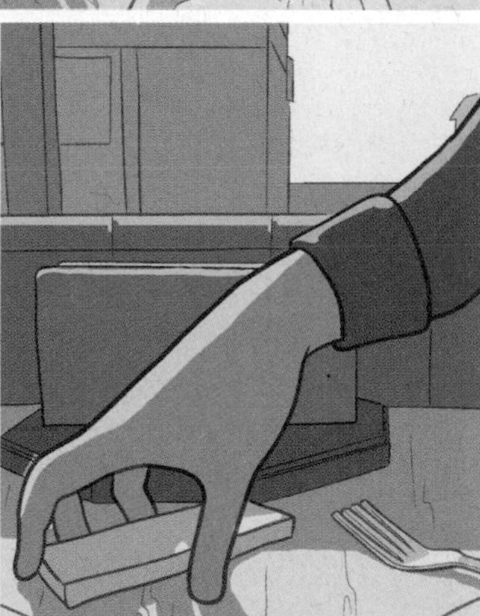

Alors voilà : j'ai rencontré l'Amour,
sur une affichette de la MJC.
Un truc dingue, une grande
première à Mortebouse :
Un groupe de rock, avec des vraies
guitares électriques.

Évidemment, mes parents étaient
les premiers à faire signer une pétition
pour faire annuler le concert,
on sait jamais, il paraît que ces rockers
sont tous plus ou moins communistes,
qu'ils invoquent Satan, ou des trucs
comme ça.

Mais étrangement, cette
pétition s'est égarée,
et la mairie n'a rien pu faire
pour éviter la déferlante
de son bolchevique
et démoniaque qui allait
s'abattre sur notre petit
village si tranquille.

J'attendais dix-huit heures trente que
Maman et Papa soient profondément
endormis, pour m'envoler de ma cage
et rejoindre l'amour.

Sur le chemin, il y avait déjà
quelque chose de magique
qui flottait dans l'air.
Une énergie nouvelle qui poussait
chacun de mes pas.

Tout ce que le village comptait
de dangereux marginaux était là.
L'amour entra en scène,
une magnifique flying V
en bandoulière.

Quand il se mit à chanter, je sus que c'était lui
le prince charmant que j'attendais petite fille.

Mes parents avaient tout fait pour me persuader
qu'il n'existait pas, mais il était bel et bien là, devant mes yeux.
Et il me regardait en souriant.

Il reste des chips au vinaigre ?
J'crois pas. Tu veux que j'aille t'en rechercher ?

Ben non, t'embête pas, il est tard et tout...
Non, non, t'inquiète, j'en ai pour deux minutes !

T'es gentil.
Je t'accompagne.

HOTEL
Hey, Francky !
Hey, Lou ! M'sieur Richard ! Encore en panne de chips au vinaigre ?

corner shop

Tu veux boire un truc ?
Y'a des potages ?
Velouté aux champignons ?
Hmm... Non merci.

Vinaigre ... Vinaigre ...
Vinaigre ... Vinaigre ...
Ah : Voilà !

Ça fera 1.80.

Hey, Francky !
HOTEL
SHOP

C'est bizarre la vie, en ce moment, non ?
Ah toi aussi tu trouves ?
CHIPS
VINAIGRE

Ouais.
Mais ça va, hein...
Oui oui : C'est bizarre, mais ça va.

CHIPS
VINAIGRE

Ah ben vous étiez où ?
Heu... Ben on était allés te chercher tes chips, là.
Ah oui c'est vrai, j'suis bête...

Merci !

Dites : Vous trouvez pas qu'en ce moment tout est un peu... Comment dire ? Bizarre ?
J'adore, hein...
Mais quand même, c'est bizarre.

Ah mais ouais, carrément, ouais !
On se disait ça juste à l'instant !
Ah ben ouf, je suis pas la seule alors.
C'est fou ça !

Ah bon sang, ouais, en parlant de ça, au fait :
Figurez-vous qu'on est riches !
Hein ?
Mais... Que ?!?
KRAK

Oui oui, enfin... Un peu riches, quoi : Je suis passée chez mon éditeur, et il paraît qu'ils vont réimprimer mon bouquin.
Et ce n'est pas tout :
Les droits d'adaptation ont été vendus !
Waaah !

Une ... Une adaptation en film ?
Non, non: Une comédie musicale SUR GLACE !
Waaah !
Donc voilà, du coup, on est un peu riches.
Carrément bizarre.
KRAK !

Mais heu... C'est fou ça, et heu ... Pourquoi tu nous l'as pas dit plus tôt ?
J'avais com-plè-te-ment oublié...

C'est pas vraiment que c'est bon, ces chips, hein...
C'est même plutôt infect...
Mais je peux plus m'en passer.

Attends, attends deux secondes, cette histoire d'argent, là...
C'est cool, ça veut dire que pour chercher un appart, et tout ...
Oui, ça sera plus simple, du coup, non ?

Non, non, mais ça c'est réglé, au fait, hein...
Quoi ?
Ah oui, mince, j'avais oublié de vous le dire aussi :

J'ai acheté une maison.
On part demain.
KRAK !

Je pars. Je fuis. Je m'évade presque. Chacun de mes pas brise un peu plus la chaîne qui m'entrave à cet endroit.

Je pars vers l'inconnu, vers le beau, le soleil, les lumières de la ville. Et rassurez-vous, je sais que je peux m'y brûler les ailes.

Vous ne m'avez que trop bien mise en garde, trop bien transmis votre peur des choses déraisonnables.

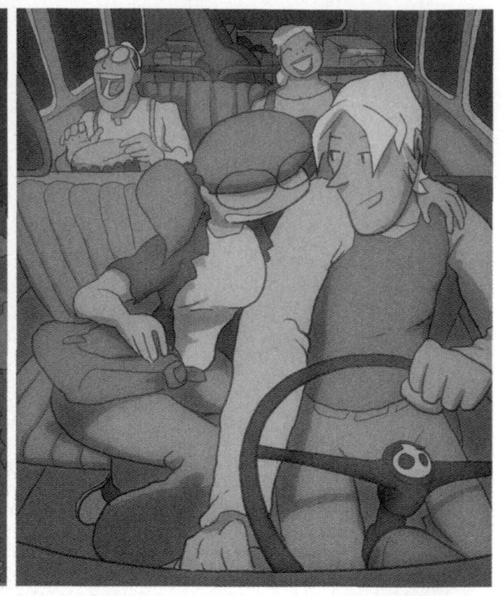

Je pars justement me briser avec délice sur ces choses déraisonnables.

J'éprouve votre peur, mais je suis submergée simultanément par l'immense vague d'un bonheur qui vous a sans doute terriblement manqué.

Je pars et je vous aime. Je voudrais que l'on ne se fâche pas de trop. J'hérite de vous une forme de courage obstiné et un bon sens instinctif. Je vous remercie de ces dons magnifiques.

Ayez confiance en moi. Je ne vous décevrai pas.

En fait, c'est un appartement qui ressemble à une maison.
C'est dans un immeuble, quoi...

Avec d'autres gens qui y habitent...
C'est mignon, c'est tout biscornu !
J'crois que c'est ce qui a bien plu à ma mère...
Comment ça : " Krämig badkarsskötbord " ?

Voilà, alors là, on arrive sur notre terrasse...
Wow.
Hey ! Mina !
Tu sais lire le suédois ?

Le suédois ? Heu... Non.
Par là, la cuisine...
Pffff...

Salut Richard !
Ah, Mina : Tu tombes bien : Tu dois t'y connaître un peu, toi, en suédois, non ?
Par exemple, si je te dis : "Dräg upp vart annat mönsterskaft " ?

Heu... Non, désolée, je... Mais enfin heu... C'est quoi au juste, votre délire avec le suédois, là, tous les deux ?
Laisse tomber...
Par là, le salon...

ils ont acheté des meubles en kit suédois, mais les paquets sont arrivés tout mélangés avec les instructions de montage pas traduites...
Ça fait une semaine qu'ils sont dessus, et le seul truc qu'ils ont réussi à monter, c'est heu... ça.
C'est quoi ? Une sorte de... Tabouret ?
On n'en sait rien.

Du coup, ils sont un peu sur les nerfs en ce moment...
Là-haut, ma chambre et celle de Laser Ninja.
SALOPERIE DE KRÄMIG !
Laser Ninja ?

Pour l'instant, c'est le nom le plus cool que l'on ait trouvé pour mon futur petit frère.
Ah oui, c'est clair, ça en jette.

Ton nouveau royaume ?
Oui...
C'est un peu spartiate pour le moment, forcément.

Vu que tout a été...
... Carbonisé.
Heu oui c'est ça...

Quand même... T'encaisses bien ?
De quoi ?
L'incendie, tout ça...

Ah oui ben heu...
Je sais pas trop en fait...
Comment ça ?

Ben... Faut reconnaître que c'est plutôt super, comme changement, finalement, et puis il va y avoir Laser Ninja et tout...
...Et je crois que je tiens ça de ma mère, de voir le bon côté des choses, toujours...
Mais...

Mais quoi ?

Ben je sais pas, je...
...Je ressens comme une sorte de bulle de vide, ici...

Tu sens ?

Un E-mail...
Excuse, deux secondes...

Wow... Tristan !

Heu... Te gêne pas, surtout...
Rhoo ça va, j'ai compris...

Madame a des "petits secrets"...
Ben non mais heu... C'est intime, c'est tout...

Ben dis donc...

Fiouuuu...
Ça ne m'intéresse pas.
Non mais si...

Viens voir, à ton avis, qu'est-ce qu'il veut dire par là ?
Faudrait savoir...

Là.

Ben dis donc...
Tu vois ?

Déjà, il t'invite au ski dans le châlet de son oncle...
Oui, ça, oui...
Mais ça, ça veut dire quoi ?

C'est une sorte de déclaration d'amour, tu crois ?

J'sais pas trop. C'est pas hyper-clair comme formulation...

C'est compliqué, les trucs qu'ils utilisent pour parler de leurs sentiments, les garçons...
Ouais.

Voyons...
Qu'est-ce que je peux lui répondre d'encore plus ambigu ?

Pour mes dix-septans, il m'emmène danser dans le cœur de la ville.

J'ai l'impression que la musique va faire exploser mon ventre, que les lumières vont réinitialiser mon cerveau, mais je ne veux plus que ça s'arrête.

Quand nous ressortons, il y a un silence froid, qui me rappelle un instant Mortebouse.

Et puis, le jour se lève et il me sourit.

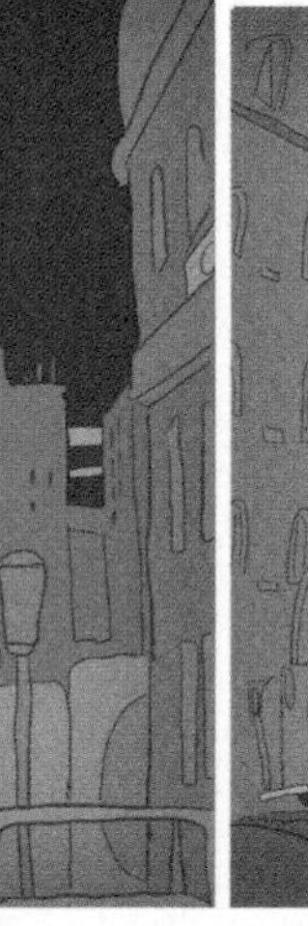

On attend les premiers croissants en chantant des bêtises pour réveiller le quartier.

Quand le quartier se réveille, nous montons nous coucher dans son petit studio.

Et on fait l'amour.

C'est de ça dont j'avais besoin, en fait, une grande page blanche...

C'est si pur, ici...

POF!

VENGEAAANCE!

WORF!

Le fromage est fondu! c'est prêt, on maaange!
Ah... Mon oncle ...

Heu...
Ça va ?

La spécialité fromagère de ton oncle...
Ça passe pas...
Wow... Effectivement, t'es brûlante...
Tu veux que j'aille voir si y'a un médoc ?

J'ai déjà pris un truc, t'es gentil.

Faut juste que je digère et que je dorme.

C'est pas super romantique, hein ?

Tu peux continuer à jouer de la guitare ?

On s'était dit que ce serait chouette d'avoir des bébés, un jour, dans le futur, quand je serai écrivain, qu'il sera rock star, que les voitures voleront et que l'accouchement par téléportation sera inventé.

Mais là, la petite croix bleue sur le test de grossesse avait une bonne quinzaine d'années d'avance sur notre programme, et il n'était même pas là, ce matin-là, pour céder à la panique avec moi.

Alors je suis sortie dans la rue, abasourdie, et j'ai marché au hasard jusqu'au jardin public.

J'ai regardé les enfants glisser sur le toboggan pendant deux bonnes heures. Et progressivement, l'angoisse de voir ma vie bouleversée s'est transformée en une étrange exaltation mystique.

En revenant vers le petit studio, je ne ressentais plus qu'une joie immense et je répétais avec sérénité les mots magiques qu'il me suffirait de prononcer pour lui faire partager cet état de grâce :

" Tu vas être papa ".

Fiou.

Hey!
Hey.

Ça va mieux ?
Je hum... Oui... J'ai fait une sorte de... rêve...
Un truc heu... bizarre...

Ah ça, oui : C'est le fromage du coin, ça fait ça souvent la première fois.
Il en reste d'hier, si ça te dit...
Houlà, non, ça va aller, merci !

Il est pas là, ton oncle ?
Ah : Non : Il est parti en catastrophe ce matin.
Un problème à son travail.

Il revient après-demain, normalement.
Wow. On est tout seuls alors.
Heu oui.

Ça veut dire... Pour notre premier baiser...
Oui, c'est assez idéal, hein...

Mais heu... On est d'accord, au fait, rapport à ce truc qu'on est amoureux ?
Oui oui, ça me semble clair, enfin...

T'avais noté de toute façon les trucs ambigus dans mes mails ?
Bien sûr ! Et d'ailleurs, je te signale que mes réponses étaient sur le même ton, hein...
Ha ha, oui !

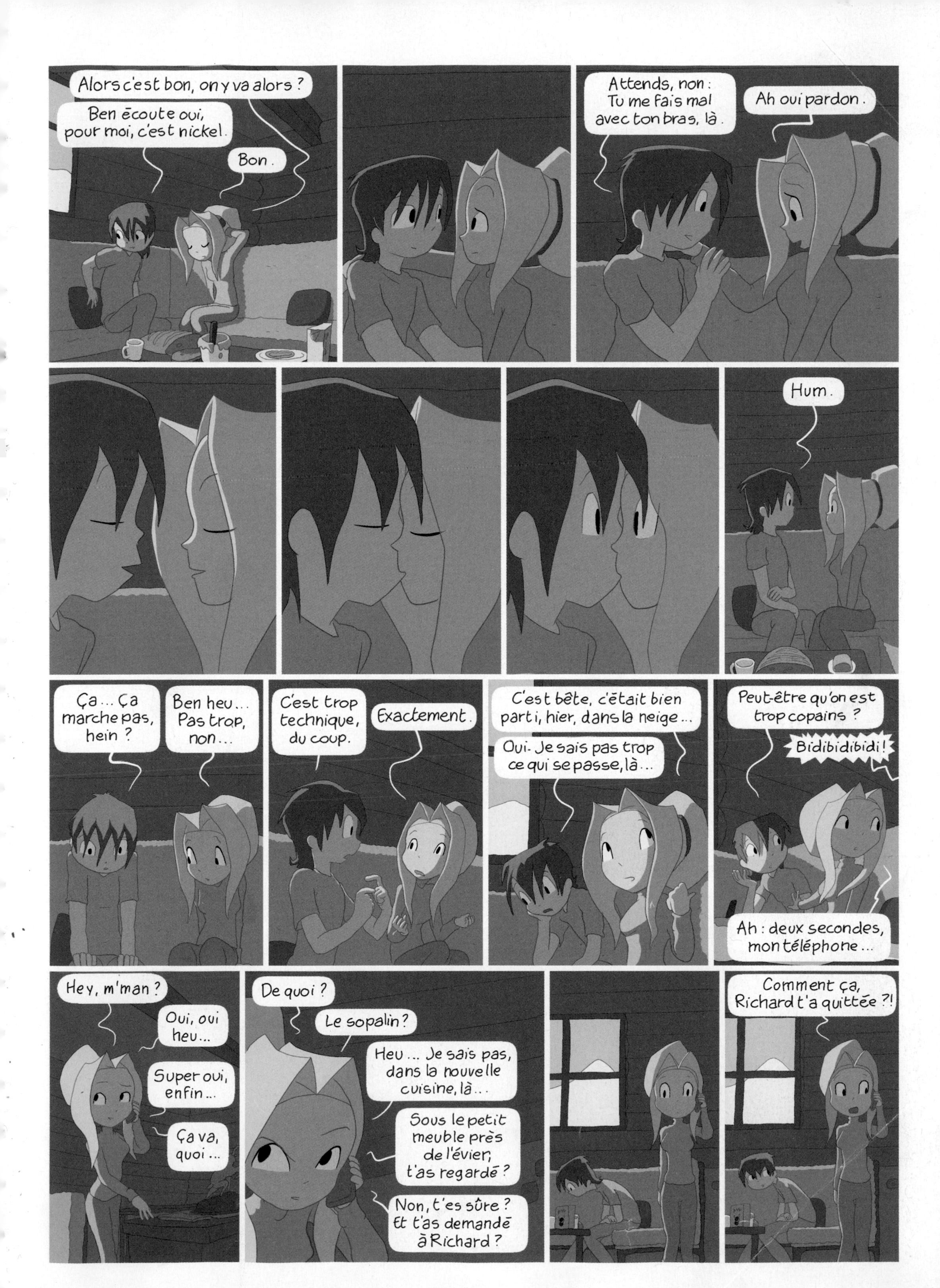

Alors c'est bon, on y va alors ?
Ben écoute oui, pour moi, c'est nickel.
Bon.
Attends, non : Tu me fais mal avec ton bras, là.
Ah oui pardon.
Hum.
Ça... Ça marche pas, hein ?
Ben heu... Pas trop, non...
C'est trop technique, du coup.
Exactement.
C'est bête, c'était bien parti, hier, dans la neige...
Oui. Je sais pas trop ce qui se passe, là...
Peut-être qu'on est trop copains ?
Bidibidibidi !
Ah : deux secondes, mon téléphone...
Hey, m'man ?
Oui, oui heu...
Super oui, enfin...
Ça va, quoi...
De quoi ?
Le sopalin ?
Heu... Je sais pas, dans la nouvelle cuisine, là...
Sous le petit meuble près de l'évier, t'as regardé ?
Non, t'es sûre ? Et t'as demandé à Richard ?
Comment ça, Richard t'a quittée ?!

il m'a quittée.

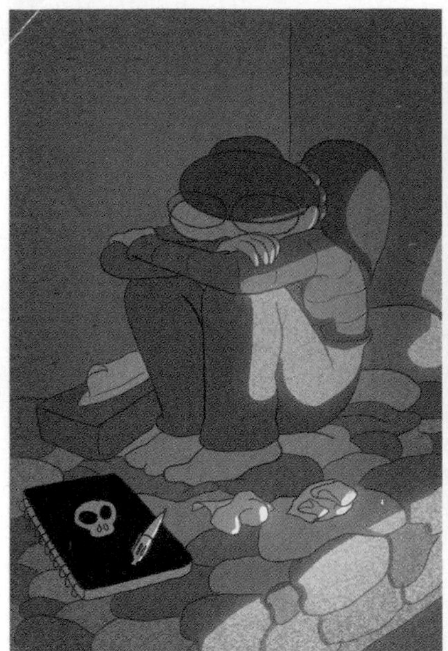

Quand je lui ai annoncé qu'il allait être papa, je m'attendais bien sûr à ce qu'il panique un peu. Après tout, quand je l'avais appris, quelques heures avant lui, je m'étais moi aussi dans un premier temps complètement effondrée.

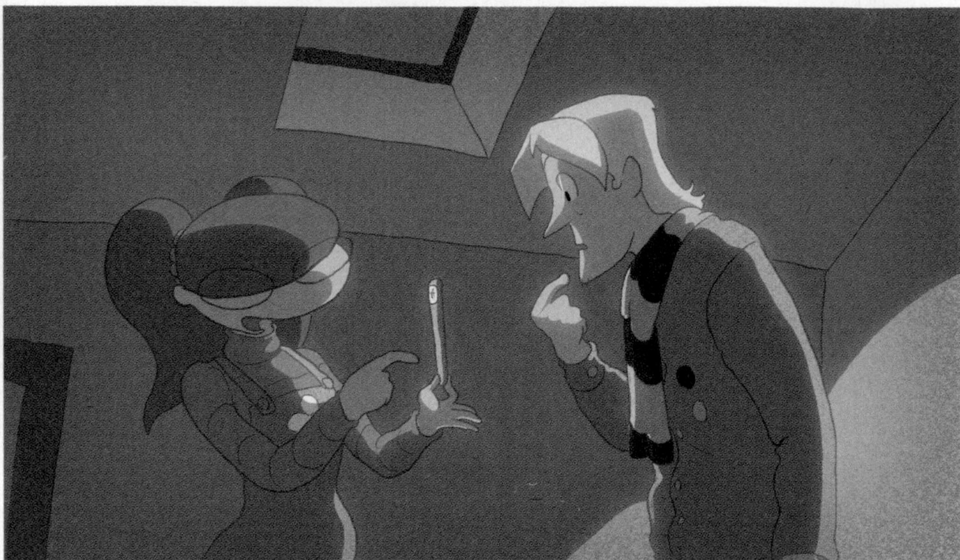

il tournait dans la pièce comme un fauve acculé, parlant de sa carrière qui passait avant tout, de notre jeunesse que l'on allait gâcher. il égrenait un à un tout un tas d'arguments que je savais sensés.

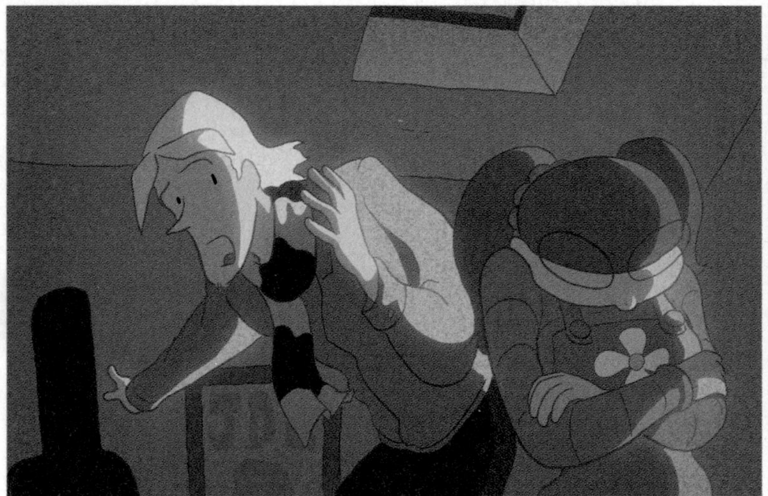

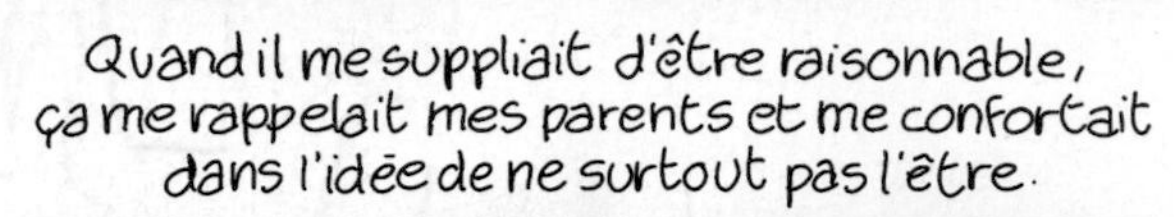

Quand il me suppliait d'être raisonnable, ça me rappelait mes parents et me confortait dans l'idée de ne surtout pas l'être.

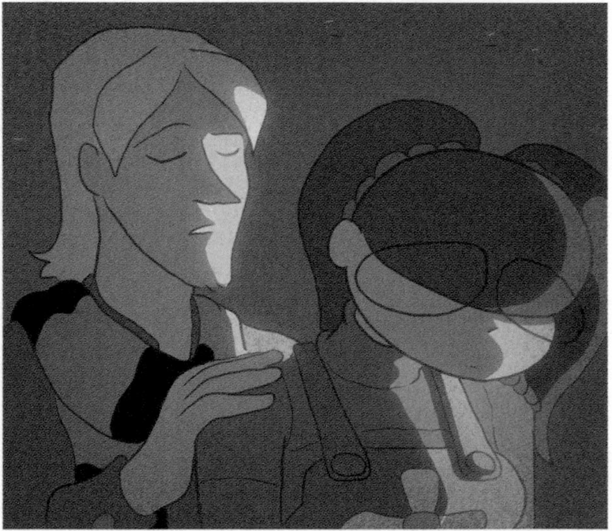

La force mystérieuse qui m'avait poussée à quitter mon village avec lui se manifestait à nouveau, et au risque de le perdre, elle me poussait maintenant à devenir Maman.

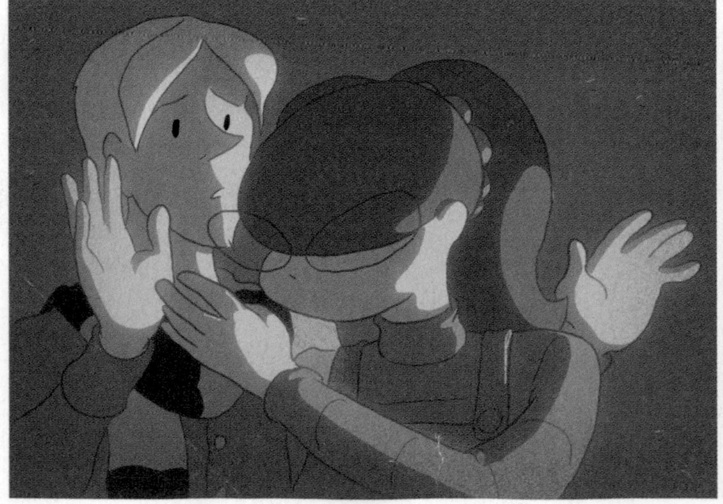

Il m'a quittée au matin de cette nuit pendant laquelle nous avons tellement pleuré.
il m'a quittée après avoir posé sur mon front un dernier baiser abominablement tendre.

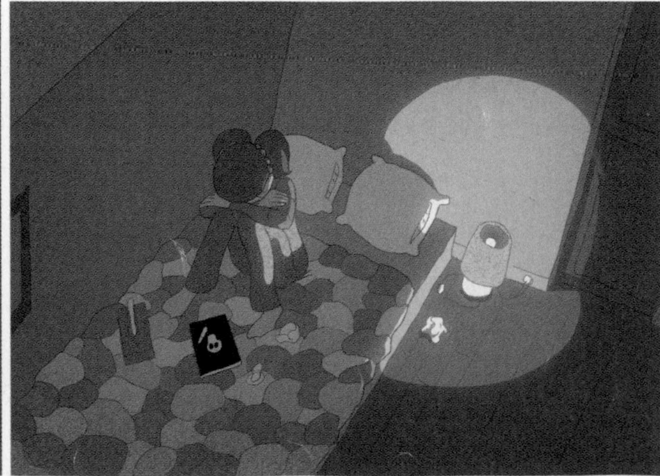

Bon, ben
on y est, hein...

Reste plus qu'à le trouver, maintenant...

T'es sûre qu'il est là ?

Non, pas vraiment, enfin... C'est son village natal, alors bon...
Ouais, y'a des chances, remarque...

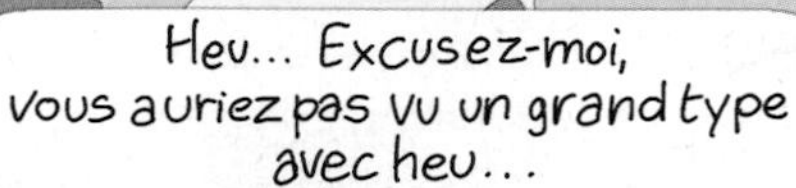
Heu... Excusez-moi, vous auriez pas vu un grand type avec heu...

Une sorte de gilet en...

... En mouton mort...
Hum.

Il... Il s'appelle Richard et heu...
Je sais qu'il a été capitaine de l'équipe de curling ici et...

Ho... Richard...
Un brave petit gars...
Pour sûr oui, il est revenu il y a quelques jours au pays...

Paraîtrait qu'une sorcière de la grande ville lui aurait brisé le coeur...
Il a dû se réfugier dans la graoute du pénitent.
Dans la... La graoute ?

Le sanctuaire sacré des montagnards en crise identitaire...
Grand malheur.
Pour sûr, oui...
Un... Un sanctuaire sacré ?
Mais... Où ?

C'est marrant tout de même que leur sanctuaire sacré soit indiqué sur la brochure de l'office du tourisme...
Je crois que c'est là.
FOLKLORE

Heu... Tu veux que je t'accompagne ?
Non je... Je dois y aller toute seule...
M... Merci...
GRAOUTE DU PÉNITENT

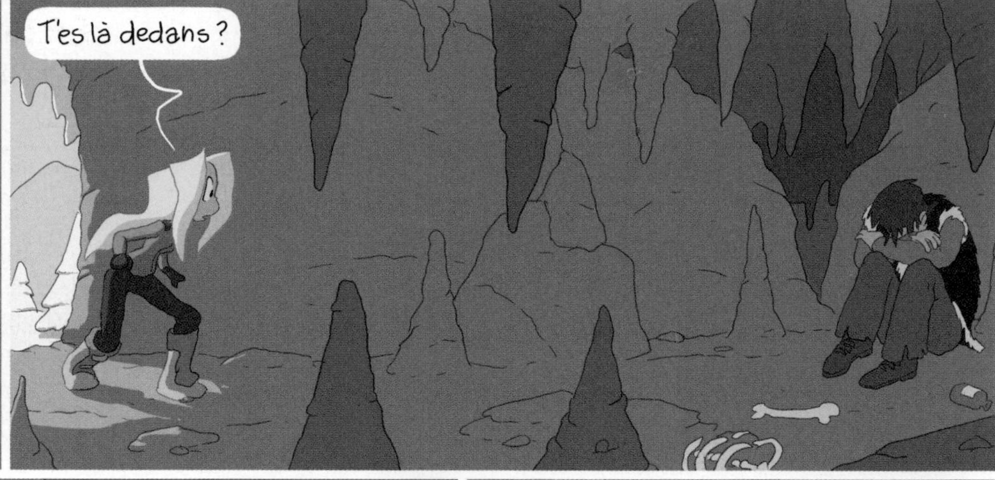

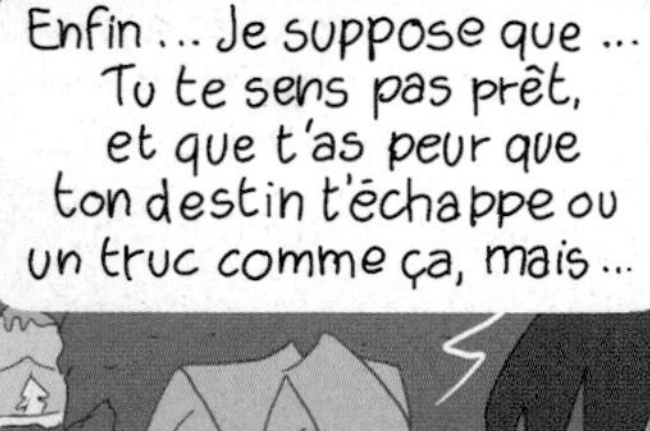

Jusqu'à ce que ça devienne complètement insupportable, que je ne comprenne plus rien à rien et ...

... Et puis ces meubles en kit suédois, là, ça a été une sorte de déclic et ...

Les meubles en kit ?...

Mais enfin, Richard… Comment est-ce que des meubles en kit peuvent te pousser à plaquer toute ta vie et à venir t'enfermer dans cette… Graoute ?

MAIS J'EN SAIS RIEN, J'TE DIS !
LES MEUBLES EN KIT, C'ÉTAIT LA GOUTTE D'EAU OU JE SAIS PAS QUOI !
OU PEUT-ÊTRE PAS !
JE… JE…
MA TÊTE !

Laisse-moi tranquille…

Laisse-moi TRANQUILLE !

Heu… Ça va ?
RAAAAAAH !
GRAOUTE DU PÉNITENT

Désolée de devoir écourter les vacances comme ça, je…
Mais non, je comprends, ta mère va avoir super besoin de toi…

Et puis désolée aussi pour ce premier baiser qui a pas fonctionné…
Ah ben non, hein, c'est de notre faute à tous les deux…

Le train numéro sept mille huit cent trente-deux va partir !

Et là, évidemment, ça a fonctionné…
Ouais.

Attention à la fermeture des portières !
On continue à s'envoyer des mails ambigus alors ?
Ça marche !

Je suis restée un après-midi dans cette cabine téléphonique, à décrocher et à raccrocher le combiné, hésitant à appeler Maman et Papa pour tout leur expliquer.

C'est Papa qui a répondu. On aurait dit qu'il jubilait de me sentir aux abois. A ma détresse, il ne répondait que par des insultes abominables.

Quand il eut fini de me répudier définitivement, Maman lui prit le combiné, et d'une voix blanche que je ne lui connaissais pas me demanda mon adresse.

Je retournais au parc tous les jours pour regarder les enfants jouer, en espérant en vain que le déclic se reproduise. J'étais vidée. Je ne ressentais plus rien du tout.

Et puis j'ai reçu ce colis. Le bocal où Maman conservait toutes ses économies, une petite photo et une lettre laconique.

"Ma fille. Je n'ai pas eu une vie très facile. Mais j'avais une mère que j'aimais très fort, et qui ne m'aurait jamais claqué la porte au nez, quoi que je puisse faire. Ton père n'a pas eu cette chance, ne lui en veux pas trop."

Hey!

Hey.

J'suis en retard, désolée.
T'as déjà mangé?
Non, pas encore, je...
Aïe!

Attends, viens là, pose ta main!

Wow! il gigote vachement, dis donc.
Voui. J'pense qu'il devrait plus tarder à se pointer, là.

Hey, Laser Ninja, tu m'entends ?
Hihi ! il m'a collé un coup de latte !

Par contre, peut-être tu devrais commencer à songer à lui trouver un vrai prénom, quand même...
C'est chouette, Laser Ninja, hein, mais s'il veut bosser dans l'administration plus tard, ça risque de lui poser problème...

J'avais pensé à Mongo Elvis.
Un VRAI prénom !
Et en plus, ça c'est un ancien nom de Croquetosaure.

Pffff... Mais j'ai toujours été nulle en noms...
Hey ! Non, Lou, ça va, je trouve, non ?

Héhé ! Au début, tu devais t'appeler Sidéra. Et puis finalement, du coup, c'est l'héroïne de mon roman que j'ai appelée comme ça, tu vois...
Fiou ! Je l'ai échappé belle !

Ouais. Et puis comme titre de bouquin, ça aurait jamais marché, Lou !
C'est sûr.

Mais, heu... Lou, ça t'est venu comment, du coup, alors, comme idée ?
C'était ton arrière-grand-mère, elle s'appelait Louise.

La maman de Mamie ?
Oui. J'ai juste raccourci un peu.

Louise : Lou.
Lou : Louise.
Oui oui, ça va, j'ai compris, c'est bon.

Et Mamie, elle le sait, ça, que c'est à cause de sa maman que...
Non, j'sais pas, J'crois pas lui avoir déjà dit...
Peut-être que ça lui ferait plaisir de le savoir, non ?
...

Vous allez pas rester fâchées toute la vie, non ?
Pfff...

Allez... C'est une occasion de renouer les liens...
Elle sait PAS que je suis enceinte, elle sait PAS que le père de l'enfant m'a ENCORE laissée tomber...
C'est suffisamment dur comme ça, pour moi, en ce moment... j'ai pas besoin de me faire engueuler par ma mère en plus...
Tu la connais. Tu sais que l'engueulade, c'est son seul mode de communication.

Mais tu sais aussi que ça cache de l'amour, ou un truc qui y ressemble...
C'est pour ça que tu m'as appelée presque Louise, non ?

C'est bon, t'as gagné...
Passe-moi le téléphone, je l'appelle...

Bon sang, l'angoisse...
Courage !

Rhaaa... Comment est-ce que je peux lui présenter tout ça de façon pas trop brutale...
Ça sonne...

Hum heu... Allô ? Maman ?
Heu je...
Je voulais te dire que heu...
Je... Je...

Je... Je perds les eaux !

C'est au milieu de l'amphithéâtre, pendant mon cours de langue Syldave, que j'ai su qu'il était grand temps d'aller à la maternité. Mon professeur se proposa de m'y accompagner. Ce que j'acceptai avec plaisir.

Nous étions coincés dans les embouteillages quand les contractions ont commencé. Pour me changer les idées, il se mit à me chanter des airs de son folklore natal. J'avais choisi cette langue en option, au moment de m'inscrire à la faculté, car sa grammaire était très proche de celle du patois de Mortebouse.

La gutturale mélopée de mon enseignant ravivait ainsi le souvenir profondément enfoui d'une berceuse chantée par ma mère et me plongeait dans une vertigineuse spirale métaphysique.

J'allais à mon tour donner la vie.
Ajouter un petit fil supplémentaire à l'écheveau de l'humanité.
Ça m'apparaissait à la fois immense et dérisoire.
Qu'est-ce qui avait bien pu me pousser à faire ça ?
Où était passée la force qui m'avait soutenue jusqu'ici ?

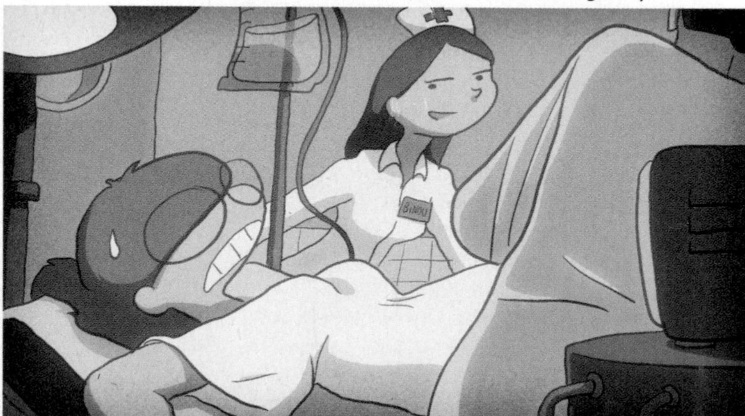

J'obtins la réponse, comme une évidence, dès que l'on posa sur ma poitrine le plus joli bébé de l'univers.

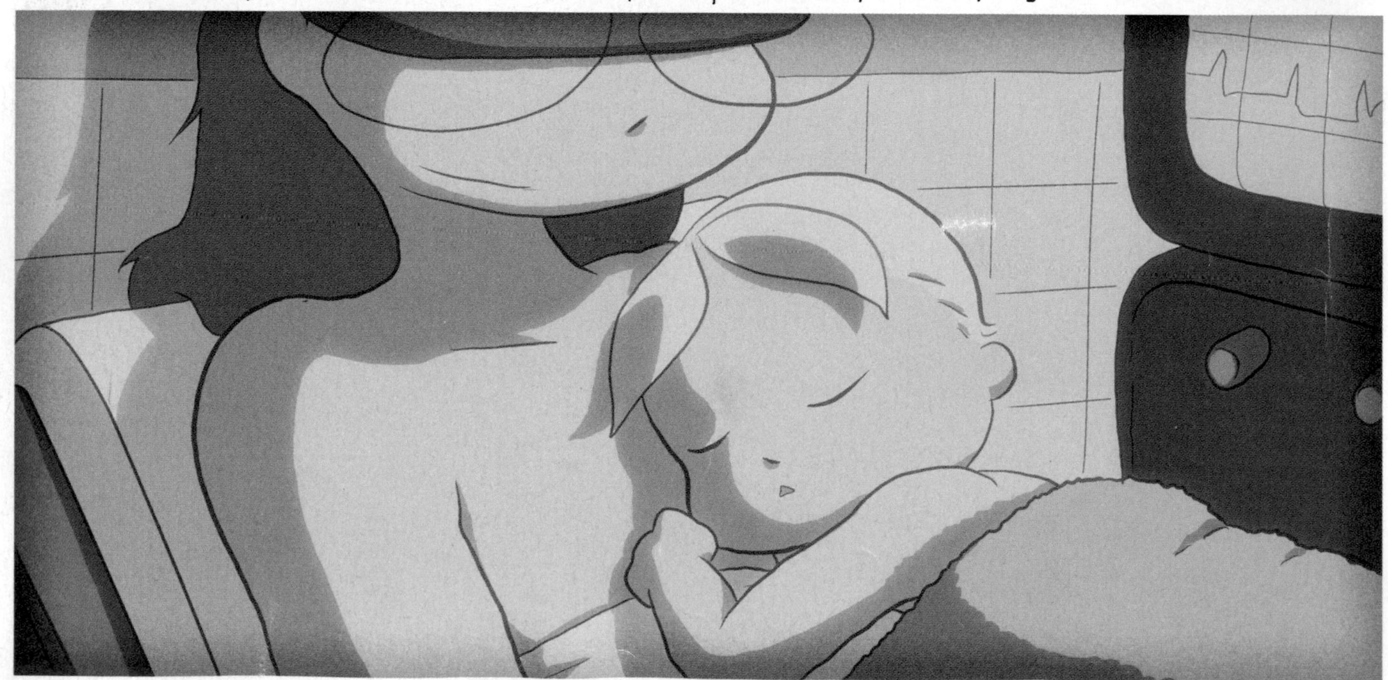

C'est ... C'est lui le plus beau bébé de l'univers, non ?
Vous êtes ex æquo, je dirais.
Wha... c'est trop marrant ces tout petits doigts, là.
Et ce tout petit nez.
Et ces toutes petites oreilles.
Et encore, t'as pas vu son zizi...

Mais c'est dingue, ça ! A chaque fois que j'accouche c'est pareil : j'ai droit à des petits pois tout secs, un bout de viande qui ressemble à du carton et une compote sans goût...
C'est à vous dégoûter d'avoir des enfants, j'vous jure...
L'écoute pas, elle rigole.

Hey mais...
Attends...
...Devine ce que je t'ai trouvé dans le distributeur automatique du couloir ?

DES CHIPS AU VINAIGRE !
ENVOIE ! ENVOIE !
Chhht ! Le bébé !
Ah oui, pardon.
File.

REPOSE IMMÉDIATEMENT CETTE COCHONNERIE !
?
?

C'est très mauvais pour l'allaitement, ça, le vinaigre...
MAMAN?
MAMIE!

Qu'est-ce que c'est ?
Un garçon ?
Une fille ?
Heu ... Un garçon ...
Ah ben c'est pas trop tôt.

Où il est ?
CRUNCH!
Juste là, dans le berceau.

Un berceau en plastique ...
N'importe quoi.

Pffff...
Eeenfin...
Voyons...
TUC TUC

Il est TRÈS BEAU.

Toi aussi tu étais TRÈS BELLE.
Jusqu'à tes six ans.

Et son père ?
Il est où, son père, à cet enfant ?
Le grand dadais, là...

il m'a quittée.
MATERNITÉ

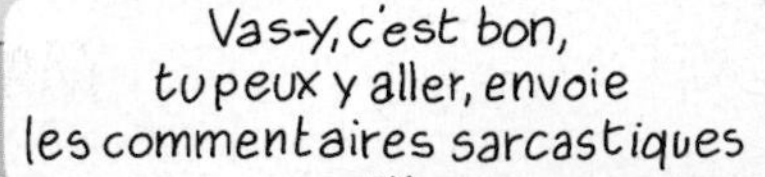

Vas-y, c'est bon, tu peux y aller, envoie les commentaires sarcastiques ...

"Je t'avais prévenue qu'il avait mauvais genre."
"Bon débarras."
Qu'est-ce qu'il y a encore ?
AH! Oui:
"Tu récoltes ce que tu sèmes..."

Et puis le désormais classique:
"Si tu étais restée à Mortebouse et que tu avais épousé le docteur Fifrelin, tu n'en serais pas là, et gnin gnin gnin..."
J'ai jamais dit "Gnin gnin gnin."

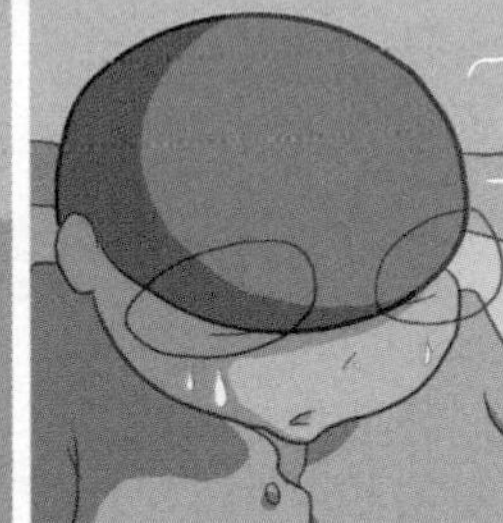
Vas-y, accable-moi tout ton soûl, je suis prête, j'ai l'habitude, c'est comme ça depuis que je suis toute petite, alors...
Et le pire, c'est que t'as raison à chaque fois, ma vie est un échec constant et...

T'arrêtes de dire des bêtises, oui ?

C'est un échec, ça ?
Et ça ?

Allez, fais pas ta tête d'andouille, là ... Si je te taquine tout le temps, comme ça, c'est pour te faire réagir, bougre de mule !
Tu ... Tu me taquines ?
... C'est de l'humour rural, hein, je reconnais que des fois ça peut être légèrement méchant, mais...
BON.

Moi je dois vous laisser ...
Tu .. Tu pars déjà ?
J'ai cours demain, le chat à nourrir, les copines et les copains à appeler pour leur annoncer la naissance ...
Quelle grande saucisse, celle-là ...

Hé, psssst... Fulgor ? Je te laisse avec Maman et Mamie, tu vas voir, elles sont bizarres, mais je te jure que l'on finit par s'y faire...
Fulgor ?

A propos, Mamie, tu sais pourquoi je m'appelle Lou, au fait ?
Hein?
Non?

Ben écoute, Maman va t'expliquer ça.
Je vous aime !
Bye !

MATERNITÉ
PAPETERIE
ENVELOPPES KRAFT

Mr Richard Bréal
Graoute du pénitent,
9400 Vallée du Cham

Danse de la joie !

Cher Journal,
Ça fait près de trois ans que je ne t'ai pas mis à jour.
Depuis la naissance de Lou, en fait. Je suis retombée sur toi en faisant les cartons tout à l'heure, et je t'ai relu intégralement.
C'est idiot de te laisser inachevé, tu es presque fini, il ne manque plus que cette dernière page. Je vais donc essayer de te faire une sorte de conclusion. Un truc pour boucler la boucle et passer à autre chose.

Dans tes premières pages, je parlais de l'ennui terrible qui me dévorait à Mortebouse. Je ne m'ennuie plus du tout. C'est complètement impossible quand on a une petite blonde accrochée aux baskets vingt-quatre heures sur vingt-quatre.

Je parlais de mon goût pour les livres, et là, on peut dire que j'ai été servie. Je viens de finir mes études. J'ai un diplôme de traductrice en langue Syldave, et comme ça ne court pas les rues, un boulot alimentaire assuré.

Ça va peut-être me laisser du temps pour bosser sur un bouquin. Je raconte des tas de trucs de science-fiction à la petite en ce moment pour l'endormir, et il y a sans doute matière à faire quelque chose de sympa.

Je rêvais d'épouser Freddy Mercury et de vivre dans un immeuble avec des tas d'étages.
Pour Freddy Mercury, c'est malheureusement impossible pour plusieurs raisons évidentes. Mais pour ce qui est de l'immeuble, il y a un net progrès : Nous quittons enfin ma petite chambre de bonne sans vue pour un immeuble orange avec des tas de petits balcons qui accèdent au toit.

Voilà, cher journal ... Je ne vis pas vraiment la vie dont je rêvais. J'en vis une autre. Qui est dix mille fois mieux.

UP
J.Neel2009